MONNAIES ANTIQUES

MONNAIES FRANÇAISES

MÉDAILLES ET JETONS

VENTE AUX ENCHÈRES PUBLIQUES

A PARIS, HÔTEL DES COMMISSAIRES-PRISEURS, RUE DROUOT, 9

Salle n° 8, au 1er étage

Le Mardi 2 Décembre 1902

A deux heures précises

Exposition une heure avant la Vente

COMMISSAIRE-PRISEUR :

Me MAURICE DELESTRE

5, rue Saint-Georges

EXPERT :

M. ÉTIENNE BOURGEY

19, rue Drouot

PARIS

Exposition particulière :

Le lundi 1er Décembre, chez M. Etienne BOURGEY, expert, 19, rue Drouot. (Téléphone 274-64.)

Exposition publique :

Le mardi 2 Décembre, Hôtel des Ventes, salle 8, une heure avant la vente.

La vente aura lieu au comptant.

Les acquéreurs paieront dix pour cent en sus des enchères.

L'exposition mettant les acheteurs à même de juger de l'état des pièces, aucune réclamation ne sera admise aussitôt l'adjudication prononcée.

M. Étienne BOURGEY, 19, rue Drouot, se charge, aux conditions habituelles (5 o/o sur la limite), des commissions qui lui seront confiées.

L'ordre du catalogue sera suivi ou non. L'expert se réserve le droit de diviser ou de réunir les lots.

MACON, PROTAT FRÈRES, IMPRIMEURS.

MONNAIES ANTIQUES

MONNAIES FRANÇAISES

MÉDAILLES ET JETONS

MONNAIES CONSULAIRES

1 *Acilia*. T. de Rome (B. 4). — *Allia*. Les Dioscures (B. 3). — 2 p. TB. et FDC.

2 *Aemilia*. T. de Rome. ℞. Statue de M. Lepidus (B. 20). TB.

3 *Annia*. Quadrige (B. 2). — *Antestia*. Quadrige (B. 9). — Ens. 2 p. TB.

4 *Antia*. Bucrane de face. ℞. RESTIO. Autel allumé. Sesterce (B. 4). B. Rare.

5 *Antonia* (B. 1, 103 et 105). — 3 p. B. et FDC.

6 *Aquillia* (B. 2 et 15). — 2 p. AB. et TB.

7 *Atilia*. Les Dioscures (B. 9). — *Aurelia*. Quadrige (B. 19). — *Cœcilia*. Bige d'éléphants (B. 14). — Ens. 3 p. B. TB. et FDC.

8 *Cœcilia*. Bouclier (B. 28). — Lituus et præf. (B. 44). — Ens. 2 p. B. et TB.

9 — Tête tourelée de femme, à dr. ℞. Trophée (B. 52). Très beau.

10 *Calpurnia* (B. 5 et 12. Var. de B. 12). — 3 p. FDC. et B.

11 *Carisia*. Instruments monétaires (B. 1). Sphinx (B. 10). — Ens. 2 p. TB.

12 — IMP CAESAR AVGVST. T. nue d'Auguste, à g. ℞. P.CARISIVS LEG.PROPR. Armes de guerre espagnoles (B. 22). TB.

13 *Cassia*. Quadrige (B. 1). Bœufs au labour (B. 4). — Ens. 2 p. FDC.

14 *Cassia*. Temple de Vesta (B. 8). — *Claudia*. Bige (B. 1). — Ens. 2 p. TB.

15 *Claudia*. T. du soleil. ℞. P.CLODIVS.M.F. Lune et étoiles (B. 17). FDC.

16 *Claudia*. Diane Lucifère (B. 15). — *Cloulia*. Bige (B. 1). — Ens. 2 p. TB.

17 *Coelia* (B. 3 et 4 ou 5). — 2 p. TB.

18 *Considia*. Chaise curule (B. 3). Quadrige, à g. (B. 6). — *Cordia* (B. 3). — Ens. 3 p. TB.

19 *Cordia*. RVFVS. Casque. ℞. L'Égide de Minerve (B. 4). TB.

20 *Cornelia* (B. 1, 5 [quinaire] et 29). — 3 p. B. et TB.

21 — Globe terrestre, sceptre et gouvernail (B. 55). Trois trophées (B. 63). — 2 p. TB.

22 — Triquetra (B. 64). Jupiter (B. 65). — 2 p. TB.

23 — Massue (B. 78). — *Cossutia* (B. 1). — 2 p. B.

24 *Didia* (B. 1). — *Domitia* (B. 1). — 2 p. B. et TB.

25 *Domitia*. AHENOBAR. Sa tête, à dr. ℞. CN.DOMITIVS IMP. Trophée sur une proue (B. 21). FDC. Rare.

26 *Durmia*. HONORI M.DVRMIVS III VIR. Tête de l'Honneur. ℞. CAESAR AVGVSTVS. Auguste dans un bige d'éléphants (B. 4). TB. Rare.

27 — Tête d'Auguste. ℞. Sanglier (B. 8). Très beau.

28 *Egnatia* (B. 6). — *Fabia* (B. 1). — *Flaminia* (B. 1). — Ens. 3 p. TB.

29 *Fonteia* (B. 7 et 11). — *Furia* (B. 18). Chaise curule (B. 19). — Ens. 4 p. TB.

30 *Gellia*. Tête nue de Marc-Antoine, à dr. ℞. Tête nue d'Octave, à dr. (B. 8). TB.

31 *Julia* (B. 4, 9 et 12). — 3 p. TB.

32 — Tête de Cérès (B. 16). Trophée (B. 26). — 2 p. FDC.

33 — Aigle entre deux enseignes (B. 67). Octave deb., à dr. (B. 107). — 2 p. B. et TB.

34 — Buste ailé de la Victoire (B. 117). Tête d'Octave (B. 139). — 2 p. B.

35 — IMP CAESAR. Quadrige, à dr. ℞. Victoire sur une proue (B. 154). TB.

36 Petit br. (B. 344). Quadrige. — 2 p. TB.

37 *Junia* (B. 15 et 17). — 2 p. TB.

38 — CASCA LONGVS. T. de Neptune. ℞. BRVTVS IMP. Victoire (B. 44). TB. Rare.

39 *Licinia* (B. 16 et 28). — 2 p. TB.

40 *Livineia*. T. de Jules César. ℞. Taureau (B. 1). B.

41 — Tête nue d'Octave, à dr. ℞. Victoire, à dr. (B. 4). B.

42 — Tête de Régulus. ℞. Chaise curule (B. 11). FDC.

43 *Lollia*. T. de l'Honneur. ℞. PALIKANVS. Chaise curule (B. 1). FDC.

44 *Lucretia* (B. 1). — *Manlia* (B. 4). — *Marcia* (B. 1). — Ens. 3 p. TB. et FDC.

45 *Marcia* (B. 11, 17 et 28). — 3 p. TB.

46 *Memmia* (B. 2). — *Minucia* (B. 1). — 2 p. TB. et FDC.

47 — (B. 9 et 15). — *Mussidia*. La Concorde. ℞. Mains jointes (B. 5). — Ens. 3 p. TB. et FDC.

48 *Naevia* (B. 6). — *Numitoria*. Triens (B. 3). Br. — Ens. 2 p. TB.

49 *Papia* (B. 1 et var.). — 2 p. TB. et FDC.

50 *Pétronia*. T. d'Auguste. ℞. P. PETRON TVRPILIAN III VIR. Pégase (B. 16). FDC.

51 *Pinaria* (B. 1). — *Plaetoria* (B. 4). — 2 p. TB. et FDC.

52 — (B. 6). — *Plautia* (B. 11 et 14). — 3 p. TB. et FDC.

53 *Pompeia*. T. de Pompeius Rufus. ℞. Tête de Sylla (B. 4). TB.

54 — T. de Neptune. ℞. Proue (B. 8). TB.

55 — Pompeia (B. 9). TB.

56 *Pomponia*. T. de Jupiter. ℞. Aigle éployé (B. 23). TB. Rare.

57 *Porcia* (B. 5). Var. TB.

58 *Postumia* (B. 4, 8 et 9.). — 3 p. B. et TB.

59 — *Postumia* (B. 10). — *Scribonia* (B. 1). — *Sempronia* (B. 2). — Ens. 3 p. FDC.

60 *Servilia* (B. 5 et 14). — *Sulpicia* (B. 7). — Ens. 3 p. TB.

*

61 *Sulpicia.* Tête d'Apollon. ℞. Trophée (B. 8). TB. Rare.
62 — Tête de L. Servius Rufus. ℞. Les Dioscures debout (B. 10). Beau.
63 *Terentia* (B. 10). — *Tituria* (B. 4). — Ens. 2 p. TB.
64 *Valeria.* — Tête d'Apollon. ℞. VALERIVS. L'enlèvement d'Europe (B. 16). TB.
65 *Vibia* (B. 2 et 16). — Victoriat. — Ens. 3 p. TB.
65 *bis.* — Tête de Marc-Antoine (B. 29). TB.
66 — Masque de Pan (B. 18). Rome couronnée par la Victoire (B. 20). — Ens. 2 p. TB.
66 *bis.* — *Vinicia.* Statue équestre d'Auguste. ℞. Cippe avec inscript. (B. 3). B. Rare.
66 *ter.* — *Volteia.* B. 1 et 2. — Anonyme, 1re période. — Victoriat, 1re période. — Ens. 4 p. B.
67 Lot de monnaies consulaires non cataloguées. B. et TB.

MONNAIES IMPÉRIALES

68 *Jules César et Marc-Antoine.* T. de Jules César. ℞. T. de M.-Antoine (C. 3). Arg. TB.
69 *Sexte Pompée.* T. de Neptune. ℞. Trophée naval (C. 1). Arg. B.
70 *Lépide et Octave* (C. 2). Arg. AB.
71 *Octavie et M.-Antoine.* Médaillon cistophore, fr. en Asie (C. 2). Arg. B.
72 *Marc-Antoine.* Sa tête, à dr. ℞. Victoire deb. (C. 81). Arg. B. Très rare.
73 *Auguste.* P. CARISIVS LEG PRO. PR. Trophée sur un monceau de boucliers et d'armes espagnols (C. 403). Arg. TB.
74 *Tibère.* T. laurée, à dr. ℞. Quadrige (C. 45). Or. TB.
75 *Claude et Messaline.* Potin fr. en Égypte. B. Rare.
76 *Othon.* La Sécurité deb. (C. 17). Arg. B.
77 *Titus.* T. laurée, à dr. ℞. VIC.AVG. Victoire deb. sur un globe (C. 362). Or. Beau.
78 *Nerva.* La Fortune (C. 66). Arg. TB.
79 *Adrien.* T. nue, à dr. ℞. ROMAE ÆTERNÆ. Rome assise, à g. (C. 1311). Or. TB.
80 — Médaillon fr. sur un méd.- cistophore de Marc-Antoine

et Octavie. Tête nue, à dr. ℞. COS III. Esculape (C. 290). Arg. B.

81 *Sabine et Adrien*. Potin fr. à Alexandrie. Extrêmement beau.

82 *Aelius* (C. 1). — *Sabine* (C. 12). — Ens. 2 p. Arg.

83 *Antonin*. T. laurée, à dr. ℞. Rome assise sur un bouclier (C. 1148). Or. Beau.

84 *Lucille*. Son buste, à dr. ℞. VOTA PVBLICA dans une couronne (C. 97). Or. TB.

85 — La même pièce (C. 98). Arg. TB.

86 *Crispine*. Junon debout (C. 21). Arg. TB.

87 *Pertinax*. T. laurée, à dr. ℞. L'Équité debout (C. 2). Arg. Très beau.

88 *Pescennius Niger*. T. laurée, à dr. ℞. L'Équité deb. (C. 47). Arg. AB. Rare.

89 *Diaduménien*. L'Empereur entre trois enseignes (C. 3). Arg. B.

90 — Même type. MB (C. 8). TB.

91 *Aquillia Severa*. La Concorde deb. (C. 2). Arg. B.

92 *Julia Soemias*. Vénus deb. (C. 8). Arg. TB.

93 *Alexandre Sévère*. La Paix deb. (C. 182). Arg. AB. Troué.

94 — CONSECRATIO. Restitut. de Gallien (C. 599). Arg. FDC.

95 *Orbiane*. La Concorde assise (C. 1). Arg. B.

96 *Maximin* (C. 7, 31 et 75). — Ens. 3 p. Arg. FDC.

97 *Balbin*. CONCORDIA AVGG. Mains jointes (C. 3). Arg. FDC.

98 *Émilien*. Jupiter conservateur (C. 17). Arg. TB.

99 *Mariniane*. CONSECRATIO. Paon enlevant l'impératrice (C. 14). Arg. TB.

100 *Macrien*. L'Équité deb. (C. 1). Var. AB.

101 *Quiétus*. L'Équité deb. (C. 1).

102 *Marius*. Victoire deb. (C. 21). Billon. FDC.

103 *Vabalathe et Aurélien*. — *Numérien* (C. 8). — *Carin* (C. 178). — Ens. 3 p. AB. et TB.

104 *Magnia Urbica*. Vénus deb. (C. 11). PB. fr. à Lyon. TB.

105 *Constance II*. Buste diadémé, à dr. ℞. VIRTVS EXERCITVS (C. 325). Médaillon d'arg. TB. (Collection François.)

106 Silique fr. à Lyon (C. 342). Arg. TB.

107 *Julien II*. Buste lauré, à dr. ℞. Julien terrassant un captif (C. 78). Or. B.

108 *Jovien.* Buste à dr. ℞. Rome et Constantinople assises (C. 8). Or. B.
109 *Valentinien Ier.* Sou d'or (C. 24). AB.
110 *Valens.* Sou d'or. B.
111 *Théodose Ier.* L'empereur de face. Sou d'or. TB.
112 VOT.V.MVLT.X (C. 64). Fr. à Lyon. Arg. TB.
113 *Honorius* (C. 44). Or. TB.
114 *Pulchérie*, femme de Marcien. Tiers de sou d'or (Sab. V. 17).
115 *Constant II*, Constantin Pogonat, Héraclius et Tibère (Sab. XXXIV. 20). Sou d'or épais. TB.
116 *Constantin Pogonat*, Héraclius et Tibère (Sab. XXV. 15). Demi-sou d'or. TB.
117 *Constantin XII.* Sou d'or concave (Sab. XLIX. 5). TB.
118 *Michel VII.* Sou d'or concave (Sab. LI. 4). TB.
119 *Michel VII et Marie.* Leurs bustes, de face. ℞. La Vierge. Sou d'or (Sab. LI, 9). Sou d'or. TB.
120 Lot de deniers romains; — 10 p. Arg. et Billon. B. et TB.
121 — Deniers romains. Arg. — 12 p. TB.
122 — Deniers romains. Arg. — 12 p. TB et FDC.

MONNAIES FRANÇAISES

123 *Philippe V.* Mouton d'or (H. 1). TB.
124 *Jean le Bon.* Mouton d'or (H. 3). FDC.
125 — Franc à cheval (H. 10). Or. TB.
126 *Charles V.* Franc à pied (H. 2). Or. FDC.
127 *Charles VI.* Agnel d'or (H. 3). Or. B.
128 *Henri VI.* Salut d'or (H. 3). Or. FDC.
129 Gros de Calais. Arg. Très beau.
130 *Charles VII.* Écu à la couronne, fr. à Lyon (H. 2). Or. TB.
131 Royal d'or (H. 9). Or. Très beau.
132 Gros au briquet (H. 40, 41 et 42). — Ens. 3 p. B et TB.
133 *Louis XI.* Écu au soleil (H. 1). Or. Très beau.
134 *Louis XII.* Écu au porc-épic (H. 6). Or. TB.

135 *François Ier*. Écu d'or, fr. à Lyon (H. 3). Or. TB.
136 Demi-écu d'or (H. 5). Or. TB.
137 Teston du Dauphiné. Buste à dr. ℞. Écu de France-Dauphiné (H. 53). Arg. TB.
138 Teston du Dauphiné. Même type (H. 56). Arg. TB.
139 *Charles IX*. Écu d'or fr. à Limoges, 1565 (H. 1). Or. TB.
140 Teston morveux. Buste, à dr. ℞. Écu de France (H. 20). Arg. AB. Rare.
141 *Charles X*. Liard au C (H. 15). B.
142 *Henri IV*. Demi-franc, 1602. Buste, à dr. Derrière, fleur de lis. Fr. à Villeneuve-les-Av. (H. 45). Arg. TB.
143 Gros de Nesles (H. 57). TB.
144 *Louis XIII*. Demi-louis, 1642. Paris. Buste, à dr. (H. 26). Or. TB.
145 Demi-franc, St-Lô, 1615 (n'est pas dans Hoffm.). Quart de franc, Rouen, 1615 (H. 61). — Ens. 2 p. Arg. AB. et B.
146 *Louis XIV*. Écu du Parlement. Paris, 1676 (H. 113). Arg. B.
147 $\frac{1}{2}$, $\frac{1}{4}$, $\frac{1}{8}$ et $\frac{1}{16}$ d'écu carambole (H. 129, 130, 31-32). — Ens. 5 p. Arg.
148 Landau assiégée par les Français, 1713. 1 flor., 4 kr. Pièce carrée, uniface, angles coupés. Arg. TB.
149 *Louis XVI*. Essai de Droz. LVD.XVI D.G.FR.ET NAV.REX. Deux L enlacés. ℞. 2 SOLS 6 DENIERS (H. 20). FDC.
150 *Consulat*. Grouch de 20 médins fr. au Caire en 1203 (1798) pendant l'occupation française (Hen. 91, 892). TB. Rare.
151 Médin ou Para. Même type (1203-4). — Ens. 11 p. variées.
152 **Monnaies féodales**. *Maison de Bourgogne*. Noble de Jean sans Peur. IOHS DEI.GRA.DVX.BVRG.COMES Z.DNS FLAND. Le duc, dans une nef, tenant un écu à ses armes. ℞. Croix fleurdelisée, cantonnée de léopards. Imitat. du noble d'Édouard III. Or. Très rare et très beau.
153 — Philippe le Bon. Franc à cheval d'or, avec la lég. : BVRG., sous le cheval. Très beau.
154 — Philippe le Bon et Jacqueline de Bavière. Le duc sur un trône. Or. B.
155 *Brabant*. Jeanne. Cavalier d'or. Imitat. du franc à cheval de Jean le Bon. Or. TB.
156 Lot de monnaies françaises et féodales non cataloguées.

MÉDAILLES

157 *Louis XV*. Méd. au buste d'A. Campra, maître de la musique du roy, 1730. Br. 53 mm.

158 PAVLVS BAPTA BALBI BON. ÆT. AN. LXXV. Son buste, à g. ℞. MEDICO. PHILOSOPHO. MATHEMATICO. etc., 1769. Méd. coulée. Br. 75 mm.

159 GARDE DE LA VILLE DE LYON. Armes de la ville. ℞. VÉTÉRANCE DES SERGENTS. Écu de France. Sur la tranche : ANE LALEAU 1771. Bélière. Arg. 37 mm. Coin de Lorthior. Rare.

160 Marie-Antoinette. Méd. à son buste, fr. à l'occasion de son mariage par procuration, à Vienne, 1770. Arg. 44 mm.

161 — Méd. fr. en l'honneur de son arrivée à Gunzbourg, 1770. Vue de la ville. ℞. Inscription en sept lignes. Arg. 44 mm.

162 — Méd. fr. à sa mort. MARIA ANTONIA. AUSTRIACA. Son buste à g. ℞. PERDV ELLIVM FVRORIS VICTIMA. XVI OCTOBRIS MDCCXCIII, sur un rocher. Au premier plan, un arbre. Arg. 41 mm.

163 *Louis XVI*. Insigne de la loge de l'amitié à l'épreuve. Or.·. de Narbonne. 1780. Arg.

164 O.·. de Paris. Insigne de la loge St-Pierre des vrais amis du parf.·. acc.·. réunis. 1780. Arg. 32 mm. Bélière.

165 *Révolution*. Insigne ovale en cuivre. Au centre : LA LOI sur un cercle d'émail. 53×44 mm. Bélière.

166 O.·. de Caen. Loge de la Constante amitié. Med. donnée au T.·. C.·. F.·. R. Longuet. Arg. 31 mm.

167 Fête de la Fédération, à Lille. 1790. Trois guerriers prêtant serment sur un autel. Br. doré. Bélière (H. 138). 26 mm.

168 Méd. au buste de Philippe Joseph Égalité, par Van Loos. ℞. Inscript. en neuf lignes et serpent mordant les insignes de la royauté. Arg. 30 mm.

169 Méd. au buste de Louis XVI, 1793. ℞. La République. Fr. à l'occasion de la mort du Roi (H. 490). Étain cerclé de cuivre.

170 Louis XVII. LUDOV.XVII D.G.FRANC.ET NAV.REX. Son buste, à g. ℞. XXI JANUARII MDCCLXXXXIII dans une couronne. Arg. 41 mm.

171 Mayence. Récompense à l'armée. L'Allemagne couronnant un guerrier. ℞. MAYNZ WARD EINGENOMMEN DEN 22 IVLIVS 1793. Arg. 36 mm.

172 Conseil des Cinq-Cents (1795) REP.FR.(en creux) CONSEIL DES CINQ CENTS. Dessous, niveau (en creux). ℞. REPRÉSENTANT DU PEUPLE. En creux : J. PRE COUTURIER (H. 68.681). Arg. 41 mm. Bélière. Rare.

173 — REPUBLIQUE FRANÇAISE. Bonnet phrygien sur un faisceau. A l'ex. : REPRES.DU PEUP.L'AN VI. ℞. CONSEIL DES CINQ CENTS. Tables de la Constitution et niveau. A l'ex. J. PRE COUTURIER (en creux) (H. 85. 846). Arg. 50 mm. Rare.

174 — Méd. donnée au même représentant du peuple, l'an VII. Types semblables (H. 90,886). *Ovale* 56×47 mm. Arg. Rare.

175 Capitulation de Mantoue. 1797. Tête de Virgile, à dr. ℞. Cygne ; au-dessus, couronne murale (H. 781). Br. 35 mm.

176 Prise du Palais de Broletto. 1797. Br. 59 mm.

177 François II. FRANZ II RÖM.KAI.ERZHERZOG ZU OESTERREICH. Son buste, à dr. ℞. DEN BIEDEREN SOEHNEN OESTERREICHS DES LANDESVATERS DANK MDCCXCVII, dans une couronne (H. 838). Méd. décoration donnée à l'occasion des guerres contre la France. Arg. 41 mm. Bélière.

178 BRITAIN TRIUMPHANT. Tambour et trophée de drapeaux. ℞. FRENCH FOLLY IN BUILDING RAFTS. Radeau fortifié. 1798. N'est pas dans Hennin. Br. 34 mm.

179 Méd.-décoration au buste de Ferdinand IV, roi des Deux-Siciles. ℞. Femme couronnant un guerrier (Var. de H. 843 : date, 1799). Br. 37 mm.

180 Colonne nationale, an 8. La Renommée. Br. 34 mm.

181 Paix de Lunéville, 1801. Buste de Bonaparte. — Procédé de Gengembre, l'an II. — 2 p. Br.

182 Pont de la Durance. An XI. Buste de Bonaparte. ℞. Minerve deb. et la Durance assise (Millin. XXIV. 65). Br. 42 mm.

183 *Napoléon Ier*. L'ARMÉE D'HANOVRE A NAPOLÉON EMPEREUR DES FRANÇAIS 1804. ℟. DES MINES ET USINES DU HARZ PROTÉGÉES PENDANT LA GUERRE. ARGENT FIN. Arg. 43 mm.

184 Pont d'Avignon, 1805. Buste de l'Empereur. Br. 42 mm.

185 Méd. de mariage, 1807. Gravée en creux. Deux cœurs. ℟. Flambeau et carquois. Arg. 36 mm.

186 IOHAN BAPTISTA MORGAGNI. Son buste, à dr. ℟. SALVTI SCIENTIA. Minerve au chevet d'un malade, 1808. Br. 68 mm.

187 Mariage, 1810. Buste de Napoléon, à dr. ℟. L'empereur et Marie-Louise. Br. 15 mm.

188 Murat. Aux légions provinciales, 1809. Prix de l'institut Salésien, 1812. — Faculté de médecine de Paris, 1809. — 3 p. Br.

189 Prix de l'Académie de Carrare. ACADEMIA CARRARIENSIS. Tête casquée de Minerve, à g. ℟. STVDIOSAE IVVENTVTIS INCITAMENTO. Couronne de laurier. Arg. 43 mm.

190 HONOS ET VIRTUS. Deux personnages se donnant la main. ℟. CERTAMEN OECUMENICUM. Victoire deb. A l'exerg. : VICIT ANNO. Br. 57 mm.

191 Alexandre Ier le Béni. Sa tête à dr., sous l'œil divin. Décoration donnée à l'occasion des guerres contre la France. Arg. 29 mm. Bélière.

192 Frédéric-Guillaume III. Leipzig, 1813. Libération de Custrin, 1814. Arg. — 2 p., 15 mm.

193 Insignes fr. à l'occasion de l'entrée des Alliés à Paris. 1814. Victoire volant, inscription en allemand. — 2 p. différentes. Arg.

194 Pays-Bas. Décoration en forme de croix. Au centre : 1813. ℟. 1815. Arg. 35 mm.

195 L'Empereur sur un rocher. ℟. BONAPARTE OP ST HELENA. Br. argenté 21 mm.

196 Méd. relatives à Napoléon Ier. — 6 p. Br.

197 *Louis XVIII*. Ordre du lis. Buste de Louis XVIII. ℟. Croix de l'ordre. Arg. 41 mm.

198 Ordre de St-Louis. Buste de St-Louis, à dr. ℟. Croix de l'ordre. Arg. 41 mm.

199 *Charles X*. Marie-Thérèse. Son buste, à g. Ouverture du canal Marie-Thérèse, 1825. Arg. 52 mm.

200 Visite de S.A.R. Mme la Dauphine aux mines de fer de St-Étienne. 1826. Trois hauts fourneaux. ℟. Inscription en sept lignes. Grande médaille en fer. 75 mm. Très rare.

201 Minerve devant un temple. ℟. REG.·. L.·. L'ASILE DU SAGE FONDÉE EN 5827 à L'O.·. DE LYON. Ovale 36-32 mm. Bélière. Arg.

202 Méd. au buste de Charles X décernée par le ministère de l'intérieur à A. Courant, pour acte de dévouement. 1828. Arg. 41 mm. Bélière.

203 *Louis-Philippe.* Méd. au buste de Louis-Philippe décernée par le ministère du commerce et des trav. publics à Gary, garde du pont d'Agen, pour acte de dévouement. 1825. (*sic*). Arg. 41 mm. Bélière.

204 Chemin de fer de Paris à St-Germain. 1835. Locomotive. ℟. L'industrie et la science. Arg. 45 mm.

205 Chambre syndicale des mécaniciens chaudronniers et fondeurs. 1840. Locomotive. Arg. 30 mm.

206 Méd. décernée par le ministère de l'intérieur à Combe, pour acte de dévouement. 1840. Arg. 37 mm. Bélière.

207 Méd. au buste de Louis-Ph. donnée par le ministère de l'intérieur à Martin, pour son courage. 1842. Arg. 52 mm.

208 A Guizot. Son buste de trois quarts, à g. ℟. Guizot, à la tribune, 26 janv. 1844. Très grande méd. Br. 100 mm.

209 Rachel. Son buste, à g. Méd. dédiée à ses amis. 1846. Br. 52 mm.

210 Méd. au buste de Louis-Philippe donnée par le ministère de la marine à Leroy-Keraniou, matelot, pour son courage. 1847. Arg. 43 mm. Bélière.

211 François-Joseph Ier d'Autriche. Décoration. 1848. Bélière. Arg. 30 mm.

212 *Napoléon Bonaparte.* Société des Incas de Valenciennes. 1851. Méd. au nom de M. Prignet. Arg. 35 mm.

213 Méd. donnée par le ministère de la marine à Pairy, quartier maître, pour son courage. 1852. RÉPUBLIQUE FRANÇAISE, dans une couronne. Arg. 43 mm. Bélière.

214 *Napoléon III.* Enseignement primaire. Aigle de face. ℟. EMPIRE FRANÇAIS. Femme couronnant deux professeurs. Arg. 52 mm.

215 Chemin de fer de Paris à Strasbourg. 1854. Méd. au buste de Napoléon III. Br. 68 mm.

216 Médaille de Crimée, au buste de la Reine Victoria. 1854. Arg. 36 mm. Bélière.

217 Médaille de la Baltique, au buste de la reine Victoria. 1855. Arg. 36 mm. Bélière.

218 Les commerçants de Milan, aux blessés de l'armée franco-piémontaise. 1859. Arg. 31 mm.

219 Genève. Inauguration du pont du mont Blanc. 1862. Br. 51 mm.

220 Insigne de la Société des secours mutuels des ex-militaires. 1863. Grande bélière. Arg.

221 Méd. au buste de Napoléon III, donnée à Maillard pour son dévouement. 1865. Arg. 27 mm. Bélière.

222 La ville de Paris à Napoléon Ier. 1865. L'apothéose de Napoléon par Oudiné d'après Ingres. Br. 76 mm.

223 Lot de décorations, campagnes d'Italie, Mexique, etc. — 8 p. différentes. Arg. Petits modules.

224 Lot de petites médailles données pour actes de courage. — 6 p. differ. Arg.

225 *République.* Défense de la Banque de France, 1871. La France assise, à g. sur un siège portant l'aigle impérial. Coin de Droz. Décernée à Carbonel. Arg. 68 mm.

226 Méd. du comité central de vaccine du Nord. Buste d'Edward Jenner. Arg. 36 mm.

227 Médaille donnée aux travailleurs du St-Gothard. Armes d'Allemagne, de Suisse et d'Italie. Arg. 37 mm.

228 Méd. donnée à Derruder par le ministère de l'intérieur pour acte de dévouement. 1874. Arg. 27 mm. Bélière.

229 Méd. au buste de la République, donnée à Dréan, matelot, pour acte de dévouement. 1882. Arg. 33 mm.

230 Méd. au buste de la République décernée par le Ministère du Commerce à Pecqueur. 1893. Arg. 27 mm. Bélière.

231 — Méd. identique décernée à A. T. Calvignac. 1895.

232 Décorations des campagnes du Tonkin et du Dahomey. — 2 p. Arg. 30 mm. Bélière.

233 Méd. de Madagascar, 1886 (coin de Dubois) et 1893 (coin de Roty). Arg. 30 mm. Bélière.

234 Visite de l'escadre russe à Toulon. La France et la Russie se donnant la main. Méd. de Bottée. Arg. 37 mm.

235 Aisne. Conseil d'hygiène. Buste de la République, par Roty. Arg. 33 mm.

236 Percement de l'isthme de Panama. Jolie méd. de Roty, offerte aux souscripteurs par la Banque parisienne. Arg. 35 mm.

237 Association française pour l'avancement des sciences. Femme lisant. ℞. La Science et la Patrie. Méd. de Roty. Br. argenté. 45 mm.

JETONS

238 **Henri III.** *Chambre des Comptes*, 1580.1584.— 2 p. Cuiv. TB.

239 **Louis XIII.** *Conseils du Roi*, 1620. Arg. TB.

240 *Revente des aides.* REVENTE DES AYDES. Écus couronnés de France et de Navarre. ℞. HVIC.QVI.VEHET.ALTIVS ILLAM. Tritons soutenant un navire. A l'ex. : 1633. Arg. TB. Rare.

241 *Ferme des Aides.* Vigneron taillant la vigne, 1639. Arg. TB.

242 *Anne d'Autriche.* Ses armes. ℞. NIHIL AMPLIVS. 1634. Cœur couronné et fleur de lis. Arg. B. Rare.

243 **Louis XIV.** *Confirmation des privilèges*, 1643. Ruches et abeilles. Arg. B.

244 *Conseil du roi*, 1645. Plan de la forteresse de Gravelines. Arg. TB.

245 — 1646. Lis croissant sous un palmier. Arg. TB.

246 — 1657. Arc et carquois couronnés. Arg. TB.

247 *Secrétaires du roi.* NVLLIBI TVTA MAGIS. 1660. Insignes de la royauté. ℞. SECRETAIRES . DV . ROY . DES . LXVI . ET XLVI. Champ fleurdelisé. Arg. TB. Rare.

248 — 1660. Plan de l'ile St-Louis. Arg. TB.

249 *Ordinaire des guerres*, 1685. Aigle tenant la foudre. Arg. TB.

250 *Batiments du roi*, 1698. Arg. TB.

251 **Louis XV.** *Batiments du roi*, 1752. Minerve traçant un plan. Arg. TB.

252 *Chambre aux deniers*, 1732. Cornes d'abondance. Arg. TB.

253 — 1737. Personnage arrosant des lis. Arg. TB.

254 *Trésor Royal*, 1749. Champ de blé. Arg. TB.

255 *Conseillers du roi et notaires*, 1720. Buste de Louis XV. ℞. Sphère. Arg. TB.

256 — Variété. Même date. Arg. TB.

257 *Ordre du St-Esprit*, 1728. Colombe et flammes. Arg. TB.

258 *Ordre de St-Louis*. Sans date. Arg. TB.

259 *Connétablie et Maréchaussée*. Sans date. Arg. TB.

260 *Château de Belle-Vue*. Vue de ce château, 1750. ℞. Vue du nouvel hôtel des monnaies, 1763. Oct. Arg. TB.

261 **Louis XVI**. *Avocats aux conseils du roi*. Buste de Louis XVI (coin de Droz). ℞. Oiseaux s'envolant vers le soleil, 1762. Arg. TB.

262 *Payeurs des rentes*. Buste de Louis XVI, par Droz. ℞. La Fortune assise, 1764. Arg. TB.

263 *Académie Française*. Buste de Louis XVI, par Droz. ℞. A L'IMMORTALITÉ dans une couronne. Arg. TB.

264 *Académie Royale de marine*, 1778. Buste de Louis XVI (coin de Droz). ℞. Vaisseau. Arg. TB.

265 *Ordre militaire de St-Louis*. Buste du roi. ℞. Insignes de l'ordre. Oct. Arg. TB.

266 *Mort de Louis XVI*. Jeton de Van Loos. Arg. TB.

267 — *Mort de Marie-Antoinette*. Jeton de Van Loos. Arg. TB.

268 *Louis-Charles et Marie-Thérèse-Charlotte*, enfants de Louis XVI. ℞. Draperie. Jeton de Van Loos. Arg. TB.

269 **Corporations**. *Libraires et typographes*, 1723. Livre ouvert sous les rayons du soleil. ℞. Armes de la corporation. Arg. TB.

270 *Modistes*. COMMUNAUTÉ DES MDES DE MODES PLUMASSIÈRES FLEURISTES. Amours jouant avec des parures. Sur une banderole : L'ART EMBELLIT LA NATURE. ℞. Écu de France, 1777. Arg. TB. Rare.

271 COMMRES PRISEURS VENDEURS A PARIS. ℞. LOI DU 27 VENTÔSE AN IX. Oct. Cuiv. TB.

272 *Boulangers*. Buste de Louis XVIII. ℞. St Honoré. Arg. TB.

273 *Courtiers assermentés* de vins et eaux-de-vie du dépt de la Seine. Arg. TB.

274 *Union des maçons*, 1841. Avec bélière. Oct. Arg. TB.

275 **Clergé**. *Marguilliers de St-Sulpice*, 1756. Châsse, palmes,

encensoirs, etc. ℞. Femme donnant la nourriture à deux enfants. Arg. TB.

276 *Convent du clergé Gallican.* La châsse. Arg. TB.

277 **Particuliers.** *Louis de Lavalette, duc d'Épernon.* Ses armes. ℞. HINC DECVS VNDE LABOR, 1599. Trophée d'armes. Cuivre. B. Très rare.

278 Jeton au buste de Richelieu, 1635. Cuivre. TB.

279 *De la Melleraye.* AB ADVERSO VIS MEA. Canon bombardant une tour. ℞. ARTILLERIE DE FRANCE. Armes de la Melleraye sur deux canons en croix. Arg. TB. Très rare.

280 *De Villars*, doyen de la Faculté de médecine de Paris, 1741-42. Son buste. Cuiv. TB.

281 *Théodore Baron*, doyen de la Faculté, en 1754. Cuiv. TB.

282 *A. Portal*, doyen de la Faculté, 1809-10. Son buste, à g. ℞. SERVAT ET PERFICIT. Ses armes. Arg. TB.

283 **Paris.** 1653. Berger gardant des moutons. Arg. TB.

284 4e *Prévôté de M. de Pomereu*, 1687. Ses armes. ℞. ET.AB. VNO FLORE.QVID.AMBO. Lis. Arg. TB.

285 *Élection de Paris.* Buste de Louis XV. Arg. TB.

286 *Société amicale des enfants d'Apollon.* 1777. Apollon donnant une couronne de laurier. ℞. CONCERT DES AMATEURS. ASSIDUITÉ. 2. Arg. TB.

287 *Académie Royale de Chirurgie.* Buste de Louis XVI (coin de Droz). ℞. Minerve et Amour, 1751. Arg. TB.

288 *Chambre des avoués* du tribunal de 1re Instance, 1802. La Justice assise. Oct. Arg. TB.

289 *Avoués près la cour d'Appel.* La Loi assise. ℞. Code et lampe sur une table. Oct. Arg. TB.

290 *École de droit.* Buste de Napoléon. ℞. Aigle. Oct. Arg. TB.

291 *Caisse des comptes courants.* Mains jointes, caducée et corne d'abondance. ℞. La Fortune et Pallas. Oct. Arg. TB.

292 *Caisse d'escompte.* La Fortune assise. ℞. Cornes d'abondance et caducée. Oct. Arg. TB.

293 *École de médecine de Paris.* Buste d'Esculape. Arg. TB.

294 XAVIER BICHAT. Son buste, à dr. ℞. SOCIETE MEDICALE D'EMULATION DE PARIS MDCCCVII. Serpent enroulé sur une massue. Arg. TB. Coin de Galle.

295 — Même type. Br. TB.

296 *Société protestante de prévoyance.* Buste d'Hippocrate. Oct. Arg. TB.

297 *Société Pharmaceutique* parisienne, 1796 (date de la fondation). Oct. Arg. TB.

298 *Hôpital militaire.* Concours. Buste de Louis-Philippe. ℞. Serpent et miroir. Oct. Arg. TB.

299 *Référendaires au sceau de France.* Buste de Louis-Philippe. Oct. Arg. TB.

300 — La Justice assise. Oct. Arg. TB.

301 *Direction générale des ponts et chaussées et des mines.* Buste de Louis-Philippe. ℞. Coq. Oct. Arg. TB.

302 **Province.** *Angers.* Jeton de la mairie de M. Fr. Allard, 1777. Ses armes. ℞. Armes de la ville d'Angers. Arg. TB. Rare.

303 *Beauvais.* BEAUVAIS. Armes de la ville. ℞. CLAUDE FRANÇOIS VUALON MAIRE, 1788-89. Cuivre. TB. Rare.

304 *Bordeaux.* Chambre de commerce. 1784. Buste de Louis XVI. ℞. Proue. Oct. Arg. TB.

305 Ch. de commerce sous la 1e République. Oct. Arg. TB.

306 MUNIFICENCE DU COMMERCE. 1807. Buste de Napoléon, à dr. ℞. La ville de Bordeaux. Oct. Arg. TB.

307 *Bretagne.* Jeton des Etats, 1787. Buste de Louis XVI, à dr. ℞. Armes de Bretagne. Oct. Arg. TB.

308 *Dijon.* M. Rousselot vicomte mayeur, 1766. Ses armes. ℞. Armes de Dijon. Arg. TB.

309 — Guillaume Raviot, vicomte mayeur, 1772. Ses armes. ℞. Armes de Dijon. Arg. TB.

310 *Languedoc.* Jeton des États, 1704. Buste de Louis XIV. ℞. Armes du Languedoc. Arg. B.

311 — États de 1723. Arg. TB.

312 — 1728. Mars et Minerve. Arg. TB.

313 — 1732. Minerve deb. Arg. TB.

314 — 1747. Le Pont du Gard. Arg. TB.

315 — 1749. Femme sur des drapeaux. Arg. TB.

316 — 1762. Navire. Oct. Arg. TB.

317 — 1774. Armes du Languedoc. Arg. TB.

318 — 1776. Buste de Louis XVI. Arg. TB.

319 — 1777. Écu du Languedoc. Arg. TB.

320 — 1782. Buste de Louis XVI, à g. ℞. Écu du Languedoc. Arg. TB. Coin de Droz.

321 — 1787. Écu du Languedoc. Arg. TB.

322 Jeux floraux, 1754. Buste de Clémence Isaure. ℞. Parterre de fleurs. Arg. TB.

323 *Lyon.* MR IEAN.C.BLANCHET.ECHEVIN.DE.LA VILLE.D.LYON. Ses armes dans un cartouche. ℞. Écu de la ville de Lyon. Arg. TB. Très rare.

324 DE LA PREVOTE.DE M[R] LE PRESIDENT.PIERRE DUGAS, 1751. Ses armes, accostées de deux lions. ℞. Armes de Lyon. Arg. TB.

325 COMP[IE] DE LARQUEBUZE DE VILLENEUVE DE LYON. Armes de la ville. ℞. SCOPUS OMNIBUS UNUS 1770. Arquebuses et cible. A l'ex. : PATRIÆ ET CONCORDIÆ. Arg. TB. Très rare.

326 Tribunaux sous Bonaparte, 1801. Arg. TB.

327 *Nancy.* Jeton de la ville, 1643. Arg. TB.

328 *Rouen.* Confrairie de St Romain, 1711. L'archevêque distribuant des aumônes. ℞. Châsse. Arg. B.

329 AR.TH.HUE DE MIROMESNIL CH[ER] PR[ER] PR[NT] DU PAR[NT] DE ROUEN. Ses armes. ℞. Armes de la ville. Arg. TB. Rare.

330 ANT.LUD.LE COUTEULX EQUES.MAIOR ROTHOM.ELECTUS 1764. Ses armes. ℞. Armes de la ville. Arg. TB.

331 Loge des arts réunis, 1808. Arg. TB.

332 *Versailles.* Chambre des avoués sous l'empire. Tables de la Loi. S. D. Octog. Arg. TB.

333 Lot de jetons de la Ch. de commerce de La Rochelle. Buste de Louis XV. — 9 p. Arg. TB.

334 — Variétés de cette même pièce. — Ens. 12 p. Arg. TB.

335 Lot de jetons : Monnaie de Paris ; éclairage. Buste de Louis XV. Plusieurs var. — Ens. 9 p. Arg. TB.

336 **XIXe siècle.** *Anzin.* Jeton des mines. Vue des puits. Arg. TB.

337 *Aveyron.* Houillères et fonderies. Oct. Arg. B.

338 *Aren.* Cie des Salines, 1826. Coin de Galle. Arg. TB.

339 *Chemin de fer du Centre.* Femme deb., s'appuyant sur les écus des villes de Nevers et d'Orléans. Oct. Arg. TB.

340 *Douchy.* Mines de charbon. 1834. Arg. TB.

341 *Eure-et-Loir*. Association médicale, 1849. Octog. Arg. TB.
342 *Graissessac*. Cie des quatre mines réunies, 1864. Arg. TB.
343 *Loire et Isère*. Fonderies et forges, 1822. Arg. TB.
344 *Le Havre*. Paquebots du Finistère, 1855. Oct. Arg. TB.
345 *Nord*. Conseil de salubrité. Oct. Arg. TB.
346 *Rambouillet*. Association médicale. Oct. Arg. TB.
347 *Seine-Inf*[re]. Conseil d'hygiène et de salubrité, 1855. Oct. Arg. TB.
348 *Vichy*. Buste d'Esculape. ℞. C[IE] DES EAUX THERMALES DE VICHY. Oct. Arg. TB.

DOUBLES D'UNE COLLECTION

Monnaies de la Révolution et de l'Empire.

349 *République Ligurienne*. Écu. LIBERTA EGUAGLIANZA. La Liberté et l'Égalité enlacées. ℞. Armes de Gênes. Arg. TB.
350 — Demi-écu. Même type, 1799. Arg. TB.
351 — Pièce de deux lire au même type. Arg. TB.
352 *République Cisalpine*. Trente sols. — 2 p. B.
353 *Empire*. 40 francs de l'an 12. Or. B.
354 5 fr. de 1811. Paris. Arg. TB.
355 Cinq francs fr. à Utrecht en 1813. Arg. TB.
356 Essai de Gengembre. PROCÉDÉ DE PH.GENGEMBRE XII. Coupe antique. Arg. et br. — 2 p. TB.
357 Dix livres fr. par le général Decaen à l'Ile-de-France et Bonaparte en 1810. Arg. B.
358 Pièce de 32 schillinge fr. à Hambourg par le maréchal Davoust en 1809. Arg. FDC.
359 *Zara* assiégée par les Autrichiens en 1813. ℞. 2.0.9 fr 20 c. (Deux onces. 9 fr. 20). Arg. 45 mm. TB. Rare.
360 *Les Alliés*. Module de Cinq francs. François Ier emp. d'Autriche. Ange de Paix. Tranche gravée. Arg. TB. Rare.
361 — Module de Deux francs. Même type. Tranche gravée. Arg. TB.

362 — Mod. de Deux francs. Frédéric Guillaume III, roi de Prusse. Ange de Paix. Tranche gravée. Arg. TB. Rare.

363 — Mod. de cinq fr. Alexandre. Cuiv. TB.

364 Louis-Napoléon roi de Hollande. 50 st. de 1808. Arg. TB.

365 — Dix st. de 1809. Arg. TB. Rare.

366 Provinces fédérées belges. Ducat de 1807. Or. TB.

367 Ecu de 1808 au chevalier debout. Arg. TB.

368 Murat roi des Deux-Siciles. 20 fr. 1813. Or. TB.

369 Murat roi des Deux-Siciles et g[d] amiral de France. Écu de 12 carlins. Arg. B.

370 Murat g[d] duc de Berg. Écu, tête à dr. ℞. XVI EINE FEINE MARK. Arg. — 2 p. T. B.

371 Florin. I. BERGISCHER CASSA THALER. 1807. Arg. TB.

372 Joseph Napoléon, roi d'Espagne. Écu et 1/2 écu. Arg. — 2 p. B.

373 Barcelone. Écu et divisions. Arg. — 3 p. B.

374 Joseph Napoléon, roi des Deux-Siciles. Écus de 1808. Arg. — 2 p. T. B.

375 Jérôme Napoléon, roi de Westphalie. 20 francs. Or. — 2 p. B.

376 — Dix francs de 1813. Or. TB.

377 — Cinq francs de 1809. Arg. Rare.

378 — Deux francs. 1/2 franc. Arg. — 2 p. B.

379 Thaler des mines de Mansfeld. 1811. Arg. B.

380 XXIIII Marien Grosch. Deux tiers d'écu. 1/6 de Thaler. Arg. — Ens. 4 p. B.

381 Toscane. Charles et Marie-Louise. Écu et 1/2 écu. Arg. — 2 p. B.

382 Princip[té] de Lucques. 5 fr. 1805. Arg. TB.

383 Parme. Marie-Louise. 40 lire de 1815. Or. B.

384 Zamosc. Pièce de deux slote. Arg. B.

385 Charles-Frédéric comte d'Issembourg. 12 kreutzer de 1811. Arg. TB.

386 Monnaies divisionnaires diverses. Arg. et cuiv. — 16 p.

387 *Napoléon III.* francs, 50 cent. 10 cent. Arg. et Br. — 6 p. T. B.

388 **Jetons.** Loge de la parfaite Union de Douai. 1802. Cuiv. 2 p. — Le sphinx 1804, étain. Com. du mont Thabor. Cuiv. — Ens. 4 p.

389 Cie des Salines de l'Est. Buste de Napoléon Ier. Coin de Tiolier. Oct. Arg. TB.

390 Notaires de Château-Thierry en 1806. Arg. refrappé. TB.

391 Eau clarifiée. Une voie. 1809. Cuiv. TB.

392 Préfecture de la Seine. Grande voirie. 1814. Temple. Arg. TB.

393 Lot de jetons divers. Arg. Cuiv. Br.

MACON, PROTAT FRÈRES, IMPRIMEURS.

MACON, PROTAT FRÈRES, IMPRIMEURS

www.ingramcontent.com/pod-product-compliance
Ingram Content Group UK Ltd.
Pitfield, Milton Keynes, MK11 3LW, UK
UKHW032037260826
14628UKWH00007B/3018

9 782329 314693